कम्बख्त यादें

तेरी यादों से जिंदगी गुलजार कर ली मैने।

BY

साहिल गोस्वामी

ISBN 978-93-5438-949-8

© साहिल गोस्वामी 2020

Published in India 2020 by Pencil

A brand of

One Point Six Technologies Pvt. Ltd.

123, Building J2, Shram Seva Premises,

Wadala Truck Terminal, Wadala (E)

Mumbai 400037, Maharashtra, INDIA

E connect@thepencilapp.com

W www.thepencilapp.com

DISCLAIMER: *The opinions expressed in this book are those of the authors and do not purport to reflect the views of the Publisher.*

Author biography

कम्बख्त यादें' यह यादें मेरी और आपकी जिंदगी का वो हिस्सा है। जो मुझे अक्सर घर में पड़े चूल्हे के कोयले की तरह लगती है। जो सबकी जिंदगियों में सिर्फ एक बार ही जलता है। (जिया जाता) और यादों की हवा चलने पर हमारे अंदर ही धीरे - धीरे सुलगता है। सुलगते सुलगते जब कोयला रुपी यादें थक जाती हैं तो राख बन जाती है। और हमारे दिल के किसी हिस्से में दफन हो जाती है। इसी राख से जन्म लेती हैं यह कम्बख्त यादें।

जहन में 'यादों के अक्स' उबरते हैं। एक बात याद आती है। शायद कहीं सुना था कि 'जीने के लिए तो साथ की जरूरत होती है। सहारे तो अर्थियों को दिए जाते है।' पर मेरे साथ स्तिथि कुछ विपरीत है। बिना यादों के सहारे जीना मुश्किल लगता है। 'ढलती शाम के सूरज' की तरह मुझे इनसे मुहब्बत हो गई है।

कभी सोचा नहीं था कि अहसासों को शब्दों का रुप दूंगा। और दूंगा भी तो राख के अहसासों को। राख एक ऐसा शब्द है जहां सब खत्म हो जाता है और मैंने यहीं से शुरूआत की।

अब लगता है संभावनाएं हम सब के अंदर होती है। जरुरत सिर्फ खुद को जानने की होती है खुद से प्यार करने की, जीवन के असली मूल्य को समझने की और खुदा की बनाई हर चीज़ से मुहब्बत करने की फिर वो चाहे इन्सान हो पक्षी, झीलें, पहाड़ या फिर फूल की कली ही क्यूँ न हो क्या फर्क पड़ता है।

दोस्तों बस इसी तरह मुझे आपका प्यार, आशीर्वाद और सहयोग जीवन में आगे मिलता रहे तो यकीनन एक बार फिर मुलाकात होगी। नई बहार की नई 'कम्बख्त यादें' के साथ। तो चलिये दोस्तों मेरे साथ इन 'कम्बख्त यादों, का सफर शुरु करते हैं।

धन्यवाद

Contents

तेरी यादों से जिंदगी गुलजार
कर ली मैंने।

अनसुलझी लड़की

जाने कौन से आंगन को आबाद करेगी।

जिस से भी बंदेगी उसे आजाद करेगी।

मैं उसे इतनी सारी कविताएँ सुना दूंगा कि।

वो जहां भी कुछ पढेगी मुझे याद करेगी।

मुझसे मांगते हो गर मशवरा तो सुन लो।

मुहब्बत बुरी चीज है तुम्हे बर्बाद करेगी।

अजीब लड़की है मुझसे मुहब्बत नहीं करती।

मगर कहती है शादी मेरी शादी के बाद करेगी।

तुम्हारे बिन

तुम्हारे बिन मैं कुछ भी नहीं।

जैसे बिन पानी की नाव हूँ मैं।

जो मंजिल तक ना पहुंचा सके।

वो टूटी फूटी राह हूं मैं।

तुम्हारे बिन मैं कुछ भी नही।

जैसे बिन दर्द के घाव हूँ मै।

जो रद्दी मै भी न बिक सका।

इतना गिरा हुआ भाव हूँ मै।

तुम्हारे बिन में कुछ भी नहीं।

जैसे गर्मी मे गर्म हवा हूँ मैं।

जो थोड़ा सा रास्ता तय कर ना सका।

वो थका हारा सा पाव हूँ मैं।

तुम्हारे बिन मैं कुछ भी नहीं

एक ख़्याल

चलते चलते अक्सर ठहर जाता होगा वो।

अकेले में तो काफी डर जाता होगा वो।

और वो लोग तो हवा में उड़ने लगते होंगे।

जिनकी गलियों से गुजर जाता होगा वो।

जब भी आंखों में काजल लगाता होगा।

मेरी याद से लबालब भर जाता होगा वो।

थोड़े बहुत तो आंसू उसके आ जाते होंगे।

जब मेरी शायरी से होकर जाता होगा वो।

यह सब लोग उसी के दिवाने क्यों है..?

जरुर कुछ न कुछ कर जाता होगा वो।

इतना तड़पाता हूँ मैं उसे हफ्ते भर में।

इतवार को तो शायद मर जाता होगा वो।

क्या समझूँ..?

हया से उसका नजरें झुका लेना।

उसे मैं क्या समझूँ.. ?

इकरार समझूँ..? या इन्कार समझूँ..?

वो जो निगाहों से वार करती है।

मेरे लाख कोशिशों के बाद भी

भला वो कहां इजहार करती है..?

गर यह हाल है तो कोई समझाए

यह जो दिल मैं अपना हारा हूँ,

जीत समझूँ अपनी या हार समझूँ..?

गर अब भी जवाब हांसिल न हो,

तो क्या! यह कोशिश बेकार समझूँ..?

हया से उसका नजरें झुका लेना ।

उसे मैं क्या समझूँ..?

इकरार समझूँ..? या इन्कार समझूँ..?

कुछ लफ्ज़

मैंनें कहा आज झूठ का दिन है।

वो मुस्कुरा के बोली "फिर तुम मेरे हो"

एक चहरा

आंखें बंद थी उसकी पर वह सोया नहीं था।

मायूस था एक चहरा जो रोया नहीं था।

एक एक करके बिखर रहे थे सब सपने उसके।

तो कह दिया यह ख़्वाब मैंने पिरोया नही था।

तलाशता हूँ उसे हर वक़्त जो था मेरे साथ।

कहां ढूँढू उसको जो कभी खोया नहीं था।

मेरी कमीज़ पर छोड़ गया था वो निशां अपने।

वो आख़िरी निशां था तो उसे धोया नही था।

अब नहीं रहा यकीन किसी और पर मुझको।

कंधा मिला भी गर तो उसे भिगोया नही था।

मैं

गुलिस्तां में भी महकने नहीं देता।

मैं अब ख़ुद को और बहकने नहीं देता।

झांकती है इस राख से एक चिंगारी ज़रूर,

मैं कभी उसको दहकने नहीं देता।

भले बुरे की इस नादां को है ख़बर कहां,

अपने दिल को अब मैं धडकने नहीं देता।

एक झटके में काट फेंकता हूँ गर्दनें इनकी,

किसी एहसास को अब मैं तड़पने नहीं देता।

कब कहता हूँ ज़माने में कोई ख़ालिस नहीं,

इन नज़रों को बस किसीको परखने नहीं देता।

खूंटी पे बांध लिया है मैंनै सूरज अपना,

आंगन से अब धूप को मैं सरकने नहीं देता।

कैद हैं मेरी आँखों में उम्र भर के सावन,

इन बारिशों को अब में बरसने नहीं देता।

काग़ज़ और क़लम

शायरी इसलिए दिन रात नहीं होती है,

पेड़ से पैसों की बरसात नहीं होती है।

अब चिरागों की जरुत नहीं घर पर मेरे,

दिन तो होता है मगर रात नहीं होती है।

विडियो कॉल पर हो जाती हैं बाते तो मगर,

इस मुलाकात में वो बात नहीं होती है।

सब अमीरों से यही कहते आये हैं,

हम गरीबों की अलग जात नहीं होती है।

मैंने काग़ज़ पर जो बादल है बनाया,

उनसे चार बूंदों की भी बरसात नही होती है।

जिंदगी हार चुके इश्क की बाजी में 'साहिल'

अब किसी शह से उन्हें मात नहीं होती है।

वो शख़्स

किस्से कहानियों पे ऐतबार करता है।

वो शख़्स भी किताबों से प्यार करता है।

वो जो बात मेरी सुनता ही नहीं कभी,

मगर कहता है मेरी आवाज़ से प्यार करता है।

कोई तन्हा भी इतना है ज़माने की भीड़ में,

अपनी दहलीज़ पे अपना इंतजार करता है।

लगता है वो जान देकर ही मानेगा अब,

करके तौबा जो इश्क बार बार करता है।

ज़हर दे रहा है हर रोज़, बता के दवा मुझको,

सच जानता हूं लेकिन दिल ऐतबार करता है।

बातें

कुछ बातें मरने के बाद बताएंगे तुम्हे,

दुआ करो कि एक मुलाकात वहां भी हो।

अच्छा नहीं लगता।

इस कदर आदत हो चुकी है अकेलेपन की मुझे,

करीब जो हम किसी के आए तो अच्छा नहीं लगता।

बरसों से उदासीयों का पहरा है लबों पे,

अब खुल के जो मुस्कुराएं तो अच्छा नहीं लगता।

तन्हा तन्हा हम ईन चार दीवारों में जिया करते हैं,

कोई जो खिडकी से भी दे सदाएं तो अच्छा नहीं लगता।

मेरा दर्द ही मेरी दवा हो चला है अब,

झूठी हमदर्दी जो कोई जताए तो अच्छा नहीं लगता।

बता...! क्या पेश करूं..

तीर, तलवार या के सिर्फ गिला पेश करूं,

मेरे दुश्मन ये बता तुझको में क्या पेश करूं..?

बद्दुआएँ भी तेरा क्या ही बिगाड़ेंगी भला,

जी करता है तुझे अब मैं दुआ पेश करूं।

ग़र असरदार नहीं ज़हर तौ कह दे मुझको,

ज़हर को और बढाने की दवा पेश करूं।

यूँ छुपाकर के तू हथियार कहाँ 'भटकेगा,

तू कहे ग़र में तुझे अपना पता पेश करूं।

क्या हो अंदाज़ तेरे दर्द को सहलाने का,

तेरी खिदमत में मुहब्बत या जफा़ पेश करूं।

अर्थ (जफ़ा - जुल्म, सितम)

शहर और वृद्धाश्रम

पत्थरों के शहर में कच्चे मकान कौन रखता है,

आजकल हवा के लिए रोशनदान कौन रखता है।

अपने घर की कलह से फुरसत मिले तो सुने,

आजकल पराई दीवार पर कान कौन रखता है।

जहां, जब, जिसका, जी चाहा थूक दिया,

आजकल हाथों में पीकदान कौन रखता है।

खुद ही पंख लगाका उडा देते हैँ चिडियों को,

आजकल परिंदों मे जान कौन रखता है।

हर चीज मुहैया है इस शहर में किश्तों ‘ पर,

आजकल हसरतों पर लगाम कौन रखता है।

बहलाकर छोड आते है वृद्धाश्रम में मां बाप को,

‘साहिल’ आजकल घर में पुराना सामान कौन रखता है।

तन्हाई

यूं भूली बिसरी याद से जोड़ा गया मुझे,

तन्हाइयों के बीच जो छोड़ा गया मुझे।

चाहत थी सबके रास्ते उजले करूँ मगर,

सूरज की धुप सा ही निचोड़ा गया मुझे।

पाबंदियों में वक़्त के थे हादसे सभी,

बेवक़्त ही जो डाल से तोड़ा गया मुझे।

बनने लगी जो दास्तां यह जिन्दगी मेरी,

बैरंग ख़त समझ के ही मोड़ा गया मुझे।

मासूमियत पे छा गयी गहरी उदासियाँ,

बेरहमिओँ के साथ झिंझोडा गया मुझे।

हार जीत

जो तुम्हारी खुशियों के लिए हार मान ले,

उससे तुम कभी नहीं जीत पाओगे।

तेरी रुसवाई

वक़्त पूछो न भला कैसे गुज़ारा हमने।

कितनी दफ़ा तुमको पुकारा हमने।

दिल ने रक्खी थी ख्वाहिशें जो हसीन लहरों की।

कैसी हसरत में था छोड़ा वो किनारा हमने।

एक बचपन था, मुहब्बत से भरा बीत गया।

फिर वो मंज़र न कभी देखा दुबारा हमने।

तेरी रुसवाई न हो जग में महज़ इस खातिर।

जिक्र होठों पे न लाया था तुम्हारा हमने।

दे न पाए थे जगह दिल में कभी भी उसको।

इक़ दफा जिसको था नज़रों से उतारा हमने।

अब तो दुनिया का चलन सीख गए हैं हम भी।

वक़्त का ही तो न समझा था इशारा हमने।

अब मुक़द्दर ने जो बदली है अजब सी करवट।

"साहिल " देख लिया खुद का नजारा हमने।

काग़ज़ के पन्ने

तो ऐसा है कि किस्सा ये भी सरेआम हो गया।

सीधा साधा लड़का ''साहिल'' बदनाम हो गया।

मैंने अपने सपने लिखे थे। कागज़ के पन्नों पर।

इस से पहले की पढ़ पाता सब नीलाम हो गया।

बहोत कोशिश की हमने दिल न लगाने की।

दिल से न की होगी, सौ नाकाम हो गया।

एक शख़्स है जिसे अमीरी पच नही रही पेट मे।

एक है जो गरीबी की भूख में गुमनाम हो गया।

मैंनें अपने लहू से ग़ज़ल गढ़ दिए, कुछ न हुआ

वो आये कलम घिसे और उनका कलाम हो गया।

हिज्र

जुबान भी चुप रही और ना कलम से कुछ लिखा गया।

जब वो मेरे सामने किसी और के साथ चला गया।

कई दिनों तक हमसे शायरी भी नहीं लिखी गई।

जैसै कोई कलम तोड़ कर,कागजों को जला गया।

खुद का होश संभालने में हमने पीएचडी कर रखी थी।

लेकिन वो तूफान जाते जाते डिग्रियां भी उडा गया।

उस शख्स को कोई दिलासा भी दे तौ कैसे दें।

जिसके पास रब बैठकर हमेशा के लिए चला गया।

रास्ते जिंदगी के

मुझको ये फिक्र कब है कि साया कहां गया।

सूरज को रो रहा हुं, खुदाया कहां गया।

फिर आईने में खून दिखाई दिया मुझे।

आखों में आ गया, तों छुपाया कहां गया।

आवाज़ दे रहा था कोई मुझ को ख्वाब में।

लेकिन ख़बर नहीं कि, बुलाया कहां गया।

कितने चराग़ घर में जलाए गए न पुछा।

घर आप जल गया है, जलाया कहां गया।

ये भी ख़बर नही है कि हमराह कौन है।

पूछा कहां गया है, बताया कहां गया।

वो भी बदल गया है मुझे छोडने के बाद।

मुझ से भी अपने आप में आया कहां गया।

तुझको गंवा दिया है। मगर अपने आप को,

बर्बाद कर दिया। गवाया कहां गया।

परेशानी और मुस्कान

परेशानी तो हमें भी है दोस्त...

पर मुस्कुराने में क्या जाता है।

बद्दुआ

सर्द आहे , दर्द , आँसू सिसकियों की बद्दुआ।
इश्क को फिर यूँ लगी कुछ हिचकियों की बद्दुआ।

ज़ख्म देकर जिन्दगी को, रंग खुद से छीने है।
जाओ भी, तुम को लगेगी तितलियों की बद्दुआ।

पेड़ काटे और बेघर यूं किए कितने ही।
मेरा मरना है फ़क़त उन पंछियों की बद्दुआ।

मोल कैसे जाने जिसको मिल रहा सब मुफ्त में।
नाखुदा का डूबना, थी कश्मिर्यों कीं बद्दुआ।

काम सारे करता देखो, कोसते फिर भी सभी।
मोबाइल को भी लगी है चिड्डियों की बद्दुआ।

कोई तो कहे।

रात कितनी बची है कोई तो कहे।

मुलाकात कितनी बची है कोई तो कहे।

बेहिसाब सजदे किये हैं मेने

मेरी औकात कितनी बची है कोई तौ कहे।

बीत गयी उम्र दुम हिलाते हिलाते।

आदमी की जात कितनी बची है कोई तो कहे।

यार अदाकार

यार भी राह की दीवार समझते है मुझे।

मैं समझता था मेरे यार समझते है मुझे।

नेक लोगों में मुझे नेक गिना जाता है।

और गुनहगार, गुनहगार समझते है मुझे।

मैं तो खुद बिकने को बाजार में आया हुआ हूँ।

और दुकानदार, ख़रीदार समझते है मुझे।

मैं बदलते हुए हालात में ढल जाता हूँ।

देखने वाले अदाकार समझते है मुझे।

वो जो उस पार है इस पार मुझे जानते है।

ये जो इस पार है उस पार समझते है मुझे।

कदम कदम

मुझे कहां कोई चाह रही है।
कब किसकी परवाह रही है..?

अपने दम पर चल के देखा।
कदम कदम पर राह रही है।

टूट गया तब कहां था कोई..?
जीत गया तो वाह रही है।

कील

उम्र भर बोझ उठाया उस कील ने..

और लोग तारीफ़ उस तस्वीर की करते रहे।

पुराने जख़्म

मुझसे मिलने के वो करता था बहाने कितने।

अब गुज़ारेगा मेरे साथ ज़माने कितने।

मैं गिरा था तो बहुत लोग रुके थे, लेकिन।

सोचता हूं मुझे आए थे उठाने कितने।

जिस तरह मैंने तुझे अपना बना रखा है।

सोचते होंगे यही बात न जाने कितने।

तुम नया जख़्म लगाओ तुम्हें इस से क्या.?

भरने वाले है, अभी जख़्म पुराने कितने।

मेरी जान

दिल में करार मौसम में बहार होती है।

चैन की सुकून से क्या खूब तकरार होती है।

तन्हा रातें ओढे मिलन का लिबास।

जब तू मेरी जान मेरे पास होती है।

तन्हाइयों में खुशनुमा एहसास।

लिए हाथों में हाथ हर बात खास होती है।

तेरे अल्फाज से बने हर कहानी उपन्यास।

जब तू मेरी जान मेरे पास होती है।

स्त्री

जब एक स्त्री किसी भी संबंध में धोखा खा लेती है,

अब चाहे वो प्रेम संबंध हो या वैवाहिक संबंध..!

फिर वो पूरी दुनिया से नफरत करने लग जाती है,

ऐसा नही हे कि उसने पूरी दुनिया को आजमा लिया. .!

उसका कारण सिर्फ ये है कि वो जिससे संबंध बनाती है,

उसी को वो अपनी दुनिया मान लेती है..!

किसके लिए

नये कपड़े पहन कर जाऊँ कहा।

और बाल बनाऊँ किसके लिए. ?

वो शक्स तो शहर ही छोड गया,

अब बाहर जाऊँ किसके लिए.?

वो शहर में था, तो औरों से भी मिलना पड़ता है।

अब ऐसे वैसे लोगो के नाज उठाऊँ किसके लिए.?

नदी

अपना अस्तित्व विलीन कर लेती है।

नदी जितना प्रेम समंदर से कौन कर सकता है।

यह जरूरी तो नहीं

तुमसे दूर जाना ही अच्छा है अब मेरे लिए,

हर वक़्त में अकेले ही रिश्ता निभाऊँ,

यह जरूरी तो नहीं।

तुम अब सिर्फ एक ख्वाब हो मेरे लिये,

इसे हकीकत समझ के मैं फिर से अपनी भूल दोहराऊँ,

यह जरुरी तो नही।

तुम भी एक इंसान ही हो,

इस बात को गलत साबित करके मैं तुम्हें अपने खुदा की जगह बिठाऊँ,

ये ज़रूरी तो नही।

बेनाम सा एक रिश्ता रहा है अपना,

सिर्फ अपने इश्क की वफाओं से इसे राब्ताठहराऊँ,

ये ज़रूरी तो नहीं ।

उस रिश्ते को निभाया है मैंने, जो कभी था ही नहीं,

इस सच को मैं खुद ही से झुठलाऊँ,

ये ज़रूरी तो नहीं।

तुम बिना बात के हर वक़्त अपनी हुकूमत चलाओ,

में जीवन भर तुम्हारी गुलामी बजाऊँ,

ये ज़रूरी तो नहीं ।

आखिरी ख्वाहिश

तुझसे जब जब भी आशिकी होगी,

मेरे होठों पे शायरी होगी।

में हूँ सूरज ! ये मेंने जान लिया,

में जलूँगा तो रौशनी होगी।

भीगता मैं रहुंगा भीतर से,

ऐसी बरसात भी कभी होगी।

लौट आया है तू जुदा होकर,

मुझमें कुछ बात तो रही होगी।

में किनारों की शक्ल लै लूँगा,

घास जब नूर की नदीं होगी।

मुझको जिस हाल में रखेगा तू

मुझको उस हाल में खुशी होगी।

में समंदर को पी के प्यासा रहूँ.

मेरी ख्वाहिश ये आखिरी होगी।

एक लड़की

सर से चादर बदन से क़बा ले गई।

जिन्दगी हम फ़किरों से क्या ले गई।

मेरी मुट्ठी में सूखे हुये फूल है।

खुशबुओं को उड़ा कर हवा ले गई।

में समुंदर के सीने में चट्टान था।

रात एक मौज आई ंबहा ले गई।

हम जो काग़ज़ थे अश्क से भीगे हुये।

क्यों चिरागों की लौ तक हवा ले गई।

चाँद ने रात मुझको जगा कर कहा।

एक लडकी तुम्हारा पता ले गई।

अर्थ (क़बा - कपड़े)

आईना

हर वक़्त नया चहरा.... हर वक़्त नया वजूद।

आदमी ने आईने को हैरत में डाल दिया है।

दर्द पुराने

याद क्यों फिर से वो आए है भुलाने वाले,

और मुस्काये बहुत हमको सताने वाले।

ज़लज़ला एक दफा यूं ही गुज़र जाने दो,

ख़ुद बुझा देंगे। सभी आग लगाने वाले।

आज शानो पे बिठाए है सियासत बेशक़,

कल गिरा देंगे हमें झुक के उठाने वाले ।

हम भरोसा भी तो चाहत पे कहो करते क्या?

वेर रखते है मुहब्बत को जताने वाले।

हम उगा बैठे हैं माना के नईं दिल की जमी,

याद पर आते हैं वो दर्द पुराने वाले।

चाँद

कभी छूने की तो कभी पाने की ख्वाहिश।

चाँद को है अपना बनाने की ख्वाहिश।

अधूरा है मिल्कियत-ए-चाँद पे फैंसला,

है दावेदारों को आजमाने की ख्वाहिश।

है कितना प्रेम एक सितारे को चाँद से,

इश्क में है बस टूट जाने की ख्वाहिश ।

थक गया हूँ चाँद को यूं दूर से देख-देख कर,

है अब चाँद तक सीढ़ी लगाने की ख्वाहिश।

दरिया-ए-इश्क है। हसीं निगाहें उसकी,

ताउम्र के लिए डूब जाने की ख्वाहिश।

ख़त-दर-ख़त जिसे अपना लिखा मैने,

बस इक ख़त उसे पढाने की ख्वाहिश।

बेनाम रिश्ता

वो काफिला गुज़र गया अंजाम रह गया,
उस जलजले का देखिए ईनाम रह गया।

अरसे से मुझमें वो नहीं शामिल हुए,
मग़र मेरा बजुद बस उन्ही के नाम रह गया।

राही बदल गए यहां रस्ते बदल गए।
मदमस्त चाल चलता वो अय्याम रह गया।

महफिल के बाद जाने लगे अपने घर सभी
साक़ी के इंतजार में ख़य्याम रह गया।

रुखसत का वक़्त आ गया आए न वो मग़र,
होठो पे उनके नाम का इक जाम रह गया।

आया है होश उम्र गुज़रने के बाद अब,
क्या कीजिए रिश्ता ही जो बेनाम रह गया।

हो के रहा वो दूसरों के नाम "साहिल",
यूं गर्दिशों के ताब में गुमनाम रह गया।

अर्थ - (अय्याम-वक़्त)

(खय्याम-शराबी प्रेमी)

(गर्दिश - चौतरफा)

(ताब- चमक)

कम्बख़्त यादें

उसकी यादों ने फिर आकर घेरा है।

ऐसा लग रहा है...

जिंदगी में बस अंधेरा ही अंधेरा है।

कैसे.........

कैसे निकालूं खुद को उसकी यादों से,

न जाने कहां खो गया मेरा सवेरा है।

कोई मदद करो मेरी इस जिंदगी के मोड़ पर,

न जाने कहाँ चल दिए वो हाथ मेरा छोड़ कर,

मेरे दिल में अब तक बस उसका ही बसेरा है।

उसकी यादों ने फिर आकर घेरा है।

तोड़ा कई बार दिल से उसका आशियाना मैने,

दिमाग से दिल की जद्दोजहद ने..........,

खड़ा कर दिया नया बखेड़ा है।

उसकी यादों ने फिर आकर घेरा है।

कुछ लम्हों ने दस्तक दी थी कल।

पता न चला कब गुजरे वो हसीन पल।

दिल ने दर्द का नया तान छेड़ा है

उसकी यादों ने फिर आकर घेरा है।

क्या समझ रहे हो..............?

यह जो दर्द झलक रहा है सिर्फ उसका है।

नहीं इसमे कुछ हिस्सा उसका,

कुछ हिस्सा मेरा है।

चलो छोडो अब अगर उसकी यादों ने घेरा है।

उसको कौन सा सूकून मिलेगा।

मैने कुछ नहीं किया..........!

उसने ही मुंह फेरा है।

चलो छोडो़ अब अगर उसकी यादों ने घेरा है।

कुछ लम्हे बस याद बनकर रह जाते है।

उनको याद करके अच्छा महसूस होता है।

कवि

अगर आपकी मुस्कान एक कविता है तो

मैं उसका कवि बनना चाहता हूं।

अब कोई और ढूंढ लो।

इन आंखों का दिवाना अब कोई और ढूंढ लो।

वो शम्मा का परवाना अब कोई और ढूंढ लो।

जो अब तक बुझती थी बस मेरे होठों पर आकर।

उस प्यास का ठिकाना अब कोई और ढूंढ लो।

सुना है इक हमराज़ मिला है तुमको।

इस भीड़ में कोई खास मिला है तुमको।

मेरी मुहब्बत से कहां जीतेगी तुम्हारी दलीलें।

बेवफाई का तुम बहाना अब कोई और ढूंढ लो।

क्या अब भी वैसे ही शामें बिताती हो।

दुनिया के तौर तरीके कहीं दूर छोड़ आती हो।

यहां का पैमाना भी गवाह है तुम्हारी जफ्फाओं का।

इस शहर में मयखाना अब कोई और ढूंढ लो।

मजबूर जो खुद को बता रही हो तुम।

नजरें मिला कर जो नजरें चुरा रही हो तुम।

मैं तो तुमको पूरा का पूरा पढ चुका।

इस किताब से तुम अंजाना अब कोई और ढूंढ लो।

कुछ याद नहीं

वक़्त की हमको जफ़ा याद नहीं।

की थी किस किस ने ख़ता याद नहीं।

एक बस मौत न आई हम पर।

और क्या क्या न सहा याद नहीं।

लापता ख़ुद से रहे हम ऐसै।

हमको अपना भी पता याद नहीं।

एक सुरत, वो हंसी और वो अदा।

कुछ हमें इसके सिवा याद नहीं।

जिन्दगी हो के रही नाम तेरे।

क्या ज़माने ने कहा याद नहीं।

अर्थ (जफ़ा - जुल्म)

तड़पती कलम

खुशी बोलती है ये ग़म बोलती है,

तड़पती है जब जब क़लम बोलती है।

है स्याही में किसका लहू आज उतरा,

क़लम आज किसका अलम बोलती है।

ये बेदर्द से हादसे जब थमे तो,

ज़ुबां बन के हर आंख नम बोलती है।

बडी मुद्दतों से हंसे भी नहीं हम,

खुशी भी हमारे ही ग़म बोलती है

धकेले गए हर जगह से हमीं यूं,

हमें तो ज़िन्दगी भी भरम बोलती है।

बना पाए न झुठ से कोई रिश्ता,

ये दुनिया हमें ही बेरहम बोलती है।

नहीं जोर चलता है। ताक़त पे सबका,

हों मजबूरियां तो क़सम बोलती है।

कहां छोड़ आए सदाक़त कीं बातें,

ये इंसानियत अब धर्म बोलती है।

है खामोश आंखों में जो दर्द इतना,
जुबां "साहिल" किसका खम बोलती है।

अर्थ (अलम-दुख)

(सदाक़त-सचाई)

(खम-टेड़ापन)

बारिश

कभी बेपनाह बरस पड़ी कभी गुम सी है।

यह बारिश भी कुछ कुछ तुम सी है।

जान से अनजान होने से बचिए।

वफा के बदलें वफा मिलती है इस खयाल से बचिए,

मुहब्बत मे खुद के इस्तमाल से बचिए ।

चाहत रहती हैं उन्हें हुस्न की।और कहते है इश्क है,

मुहब्बत में अब इस झोल झाल से बचिए।

बने रहते हैं शरीफ जब तक हाँ न कह दौ तुम,

फरेब के इस खूबसूरत जाल से बचिए।

मन भर गया तो भूल जायेगे जैसै जानते नहीं तुम्हें,

''आप होते कौन हैं मेरे'' इस सवाल से बचिए।

खुश रहते हैं वो भी जिनके महबूब नहीं' होते,

इश्क करिये खुद ही से और बवाल से बचिए।

इश्क़ के ग़म

जिस जिस के सर इश्क के ग़म लगे हैं।

हर ग़म फिर उस कम्बख्त को कम लगे हैं।

मुस्कुराएं हैं खामोशियों में, तन्हाइयों में यूं ही।

जैसे भी लगे हैं दम बे-दम लगे हैं।

निहारे है आइने फरामोशी में जब भी,

हर दफा उनके जैसे को हम लगे हैं।

वो तो निभाते आ रहे थे इश्क अपने से।

यह तो हम सब पर सितम लगे है।

जिस जिस के सर इश्क के ग़म लगे हैं।

हर ग़म फिर उस कम्बख्त को कम लगे हैं।

दोष

दोष

हम दोनों के खोने में दोनो का दोष नहीं है।

दोष किसी को दूं भी कैसे मुझे खुद होश नहीं है।

बातें तब जो कही थी तुमन,

अब तक मुझको याद है।

अपने ख्वाबों पर बसा।

शहर अब तक मन में आबाद है।

मुझसे भी छुपाया था।

खुद से बोला होता।

जो बोझ दिया तुमने मुझको।

उसको भी तोला होता।

मन अब भी तेरी बातें सुनता है।

पर मदहोश नही है।

दोष किसी को दूं भी कैसे मुझे खुद होश नहीं है।

जब मैं साथ तेरे था। तुझसे खूब लड़ा करता था।

क्यूंकि दूर तेरे जाने से, मन खूब डरा करता था।

पर जब तुमने ही सोच लिया।

अब लड़ने का जोश नहीं है।

दोष किसी को दूं भी कैसे मुझे खुद होश नहीं है।

मन बेहोश था शायद मेरा,

जब तुमसे सब कह देता था।

तू चाहे जितना झूठ कहे।

पर मन तब सब सह लेता था।

बातें तो अब भी कर लेता हूं।

पर अब मन बेहोश नहीं है।

दोष किसी को दूं भी कैसे मुझे खुद होश नहीं है।

कुछ भी नहीं

बुलंद हों जी इरादे थकान कुछ भी नहीं।

जुनूं के सामने ये आसमान कुछ भी नहीं ँ

तुम्हारे होने से काय़म है अपनी खुशियाँ भी।

बिना तुम्हारे ये दुनिया ये जहान कुछ भी नहीं।

मिले थे दर्द यहां जितने उसके आगे तो।

जो जिन्दगी ने था मांगा लगान कुछ भी नहीं ।

गुजार आए है यह जिन्दगी तृफानों में।

ए मौत तेरा ये अब इम्तिहान कुछ भी नहीं।

सजे थे राह में मेरी ये ख़ार-ओ-खंजर यूँ।

के तीर कुछ भी नहीं ये कमान कुछ भी।

अर्थ (ख़ार-कांटे)

मौत

छोड़ दिया मुझको आज मेरी मौत ने यह कह कर,

हो जाओ जब ज़िंदा, तो ख़बर कर देना।

इश्क़ का असर

ये इश्क़ का भी असर क्या क़माल होता है।

कि ज़िक्र भर सै ही चेहरा गुलाल होता है।

दयार दिल का यूं उलझा हुआ सा दश्त कोई।

ज़रा सी बात पे जम कर बवाल होता है।

वो बन संवर के निकलते हैं शाम को जब-जब

फ़िजा में हुस्न भी तब बेमिसाल होता है।

वो बैठ जाते हैं महफिल में आके मेरी जब।

उन्ही के नूर का हर सू जमाल होता है।

ये हाल-ए-दिल भी सुनाएं यहाँ पे किसको.?

हमे तुम्हारे जाने का कितना मलाल होता है।

अर्थ (दयार - शहर)

(दश्त - जंगल)

(जमाल - सुंदरता)

मायूस चहरा

आंखें बंद थी उसकी पर वह सोया नहीं था।

मायूस था एक चहरा जो रोया नहीं था।

एक एक करके बिखर रहे थे सब सपने उसके।

तो कह दिया यह ख्वाब मैंने पिरोया नही था।

तलाशता हूँ उसे हर वक़्त जो था मेरे साथ।

कहां ढूँढू उसको जो कभी खोया नहीं था।

मेरी कमीज़ पर छोड़ गया था वो निशां अपने।

वो आखिरी निशां था तो उसे धोया नही था।

अब नहीं रहा यकीन किसी और पर मुझको।

कंधा मिला भी गर तो उसे भिगोया नही था।

तेरी यादों से आजाद

चले जाना तुम्हारा किस कदर नोशाद करता है ।

बताएं क्या तुम्हें दिल किस तरह से याद करता है।

समझता ही नहीं दिल तेरी दुनिया की रस्मों को।

किसी भी शर्त पर मिलने की यह फरियाद करता है।

बड़ा मासूम बनता है तुम्हारे सामने मानों।

तमाशा यह मगर रूख़सत के थोडी देर बाद करता है।

तुझसे मिलने की उम्मीद पर है जिन्दगी कायम।

यकीनन इक़ यही जज्बा मुझे आबाद करता है।

चलो छोडो यह किस्सा 'साहिल' रहने भी दो इसको।

यह दिल सब उलझनों से अब तुम्हें आजाद करता है।

अर्थ (नाशाद - दुखी)

कुछ अलग

रंग अलग है जात अलग।

उसकी है हर बात अलग।

भीतर, यह दिल कुछ कहता है।

बाहर हैं हालात अलग।

आंसू पहले भी बहते थे।

पर अब है बरसात अलग।

दूर कभी तू हो ही न पाया।

लेकिन अब है जो. साथ अलग।

ग़ज़लें पहले भी कहता था।

पर अब है जज्बात अलग।

'साहिल' सोय क्यूँकर आखिर।

यादों की है रात अलग।

अर्थ - क्यूँकर (अस्तित्व हीन)

शराबी

हूं नहीं मैं शराबी इस नशे की वजह कुछ और है।
उसकी आंखें मयखाना है। मेरी जिस्त कुछ और है।

काश के होते यूँ

काश के होता यूँ

कभी जीतती तुम, कभी हारता मैं.

फासले यह दरमियान यूँ भी कम होते।

'तुम' और 'मैं' से परे "हम" होते।

तुम कदम रोक भर लेती,

मैं कदम बढ़ा लेता।

तुम हाथ बढ़ा जो देती,

मैं हाथ तुम्हारा थाम लेता।

काश के होता यूँ

तुम्हारी उलझी जुल्फों को संवारता मैं।

कभी जीतती तुम, कभी हारता मैं।

तुमको उस से क्या..

टूटी है हमारी नींद मगर तुमको उससे क्या..?

बजते रहे हवाओं से कान मगर तुमको उस से क्या..?

औरों का हाथ थामों उन्हें रास्ता दिखाओ।

मैं भूल जाऊं अपना ही घर तुमको उससे क्या..?

तुम तो थक कर बैठ गए यूंही सरेआम राहों में।

तन्हा कटे किसी का सफर तुमको उससे क्या..?

तुम तो रह लोगे चंद झूठे लोगों के साय में।

हम अगर न भी रहे तो तुमको उससे क्या..?

राह

जिस राह पर हर बार मुझे..

अपना कोई छलता रहा..!

फिर भी न जाने क्यूँ मैं..

उस राह पर चलता रहा..!

सोचा बहुत इस बार..

रोशनी नहीं धुआं दूंगा..!

लेकिन चिराग था फितरत से..

जलता रहा..! जलता ही रहा.!

तेरी कमी से उम्र ढलने लगी।

तेरी कमी जब खलने लगी।

पैरों के नीचे से जमीन चलने लगी।

याद करके वो तुम्हारे झूठे वादे।

रुह मेरी अब जलने लगी।

तुम्हारे जाते ही टूट के बिखर गया था मैं।

मगर अब पहले से ज्यादा जिंदगी मेरी संभलने लगी।

तेरी तस्वीर को निहारने से फुर्सत नहीं होती थी।

मगर अब तेरी तस्वीर भी गलने लगी।

तूने एक बार भी कोशिश न की मुझे अपना बनाने की।

इस अफसोस में मेरी उम्र अब ढलने लगी।

नफ़रत और मुहब्बत

कितनी कमाल की नफ़रत है उसे मेरी मुहब्बत से।

उन्होनें अपना हाथ जला डाला मुझे अपनी लकीरों से मिटाने के लिए।

इश्क़, मजहब, जात

ख्वाब जो देखने है गर पहर क्या है।

चाशनी में जो हो घुला. जहर क्या है।

मोहब्बत में ही डूबे रहते हो हर वक़्त।

यह बताओ शाम क्या है। सहर क्या है।

आदत है आंखों में संमदर सजाने की।

यह तो बताओ नदी क्या है नहर क्या है।

इश्क के शहर में मजहब जात आए हैं।

मत पुछना मुझसे अब कहर क्या है।

काफ़िया रदिफ तो मिला नहीं ऐ 'साहिल'।

और यहां लोग पुछते हैं बहर क्या है।

अर्थ (बहर - छन्द)

मौत का सफर

अब मैं मौत के सफर को तैयार होना चाहता हूँ।

अब मैं नींद से अपनी बेदार होना चाहता हूँ।

थक गया हूँ भारी-भारी सांसें ढो-ढो कर हां।

अब सांसों के कर्ज से सुबुक बार होना चाहता हूँ।

जिस वफा की चाह में मैने सारी जिंदगी गुजार दी।

अब उसी वफ़ा की खातिर बीमार होना चाहता हूँ।

जो दिए हैं दर्द-ओ-ग़म मैने तुझे बेवजह बार-बार।

अब मैं उसी दर्द-ओ-ग़म में दो चार होना चाहता हूँ।

जला जला कर खुद को मैं पशेमानी की आग में।

इस जिस्म से इस जांन से बेजार होना चाहता हूँ।

आखिरी ख्वाहिश है मेरी जब जब जन्म लूं जमीं पे।

मै तेरा अशिक हर जन्म हर बार होना चाहता हूँ।

अर्थ

(बेदार - जागता हुआ, जागरूक)

(सुबुक - हल्का, नाजुक।)

(पशेमानी - शर्मिन्दा, लज्जित)

(बेजार - अप्रसन्न, नाराज़)

नज़्म

दूर आसमान में सितारा बन वो मेरे दुख मे रोती है और खुशी में हंसती है।

मेरी हर नज़्म लिखने से पहले पढ लेती है क्योंकि वो मेरे दिल में बसती है।

देखा एक ख्वाब में उसको उसकी आंखे थी नम।

इस दुनिया से उसका कोई कोई वास्ता न था।

न जाने फिर उसे किस बात का ग़म।

लगता है वो भी मुझसे मिलने को तरसती है।

मेरी हर नज़्म लिखने से पहले पढ लेती है,

क्योंकि वो मेरे दिल में बसती है।

मैं बंजर जमीन वो धूप थी।

मैं रंग था तो वो रुप थी।

मेरे मन के सागर में वो तैरती एक कश्ती थी।

मेरी हर नज़्म लिखने से पहले पढ लेती है,

क्योंकि वो मेरे दिल में बसती है।

एक वादा किया था उसने कभी।

वो चली गई पर निभा रही है अभी।

मैं कुछ नहीं उसके बिना वो ही मेरी हस्ती है।

मेरी हर नज़्म लिखने से पहले पढ लेती है,

क्योंकि वो मेरे दिल में बसती है।

वो रास्ते में मिल गया।

संभाला खुद को बहुत।

पर उसकी तरफ ही मेरा दिल गया।

कुछ दिन पहले वो रास्ते में मिल गया।

वो कहा करती थी कभी छोड़ के नहीं जाऊंगी।

जाऊंगी कहां...? तेरी तरफ ही लौट के आऊंगी।

उसको खोया है मैनें।

न जाने उसको कोई बेहतर मिल गया।

संभाला खुद को बहुत।

पर उसकी तरफ ही मेरा दिल गया।

कुछ दिन पहले वो रास्ते में मिल गया।

मीठी-मीठी बातें करके मेरा दिल बहलाया करती थी।

मेरे ग़म के मौसम में, प्यार से मुझे सहलाया करती थी।

वो शम्मा मैं परवाना। मुझे जलना था मैं जल गया।

संभाला खुद को बहुत।

पर उसकी तरफ ही मेरा दिल गया।

कुछ दिन पहले वो रास्ते में मिल गया।

उसकी जफ्फाओं के क्या कहने।

उसके कुछ ज़ख्म संभाल रखे हैं मैने।

फरिश्ता हुआ करता था वो मेरी जिंदगी का।

आज मिला तो मेरे ज़ख्मों को छिल गया।

संभाला खुद को बहुत।

पर उसकी तरफ ही मेरा दिल गया।

कुछ दिन पहले वो रास्ते में मिल गया

हमने दिल से मुहब्बत की तुमने वक़्त गुजारा।

हमने अब भी प्यार भरी नज़रों से देखा तुम्हें।

तुमने एक दफा न निहारा।

कुछ ज्यादा न मिला मुहब्बत में एक सबक तो मिल गया।

संभाला खुद को बहुत।

पर उसकी तरफ ही मेरा दिल गया।

कुछ दिन पहले वो रास्ते में मिल गया।

खिड़की चाँद और मैं

देर रात तलक खिड़की पर खड़े होकर आज भी उस चांद को देखकर
एक अलग सा सुकून मिलता है। मानों इस चांद की रोशनी और
ठंडी हवा भी तेरा जिक्र कर रही है कहीं।

तेरी यादों में खोया

सोया नहीं कुछ रातों से। खोया खोया सा रहता हूँ।

चुप सा हूँ सबके साथ। मन मैं बहुत कुछ कहता हूँ।

मैं सागर सा ठहरा हूं। तू नदी सी चलती रहती है।

तू नहीं कहती कुछ भी।अब तेरी यादें कहती रहती है।

मिला है जो दर्द वो। चुपके से सहता रहता हूँ।

सोया नहीं कुछ रातों से। खोया खोया सा रहता हूँ।

यह आंखें है मेरी। कुछ कहती रहती है।

सब कुछ कहकर भी चुप सी रहती है।

मुस्कुराता रहता हूँ हर वक़्त।

अंदर बहुत दुख सहता हूँ।

सोया नहीं कुछ रातों से। खोया खोया सा रहता हूँ।

एक चाहत

ख़िज़ां के वक़्त में बहार चाहता हूं।

मैं कुछ और नहीं जान तेरा प्यार चाहता हूं।

जाऊँ कही अगर बाहर तो।

दरवाजे पर खड़ा तेरा इंतज़ार चाहता हूं।

मैं कुछ और नहीं जान तेरा प्यार चाहता हूं।

रुटूं अगर कभी तुमसे मैं।

तो तेरे होंठों से इश्क का इज़हार चाहता हूं।

मैं कुछ और नहीं जान तेरा प्यार चाहता हूं।

झगड़ा करुं कभी तुमसे मैं।

तो मनाते वक़्त तेरे सौ इंकार चाहता हूं।

मैं कुछ और नहीं जान तेरा प्यार चाहता हूं।

तुम फूल मैं भँवरा सा तेरी और आऊं।

हम दोनों की जिंदगी गुलज़ार चाहता हूं।

मैं कुछ और नहीं जान तेरा प्यार चाहता हूं।

गुप अंधेरा हो। उस अंधेरे में,

तेरे चांद से मुखड़े का दिदार चाहता हूं।

मैं कुछ और नहीं जान तेरा प्यार चाहता हूं।

किस्सा न हो। हमारे इश्क की किताब हो।

उस किताब के पन्ने हजार चाहता हूं।

ख़िज़ां के वक़्त में बहार चाहता हूं।

मैं कुछ और नहीं जान तेरा प्यार चाहता हूं।

परी से मुहब्बत

दूर आसमान में सितारा बन वो मेरे दुख मे रोती है और खुशी में हंसती है।

मेरी हर नज़्म लिखने से पहले पढ लेती है क्योंकि वो मेरे दिल में बसती है।

देखा एक ख्वाब में उसको उसकी आंखे थी नम।

इस दुनिया से उसका कोई कोई वास्ता न था।

न जाने फिर उसे किस बात का ग़म।

लगता है वो भी मुझसे मिलने को तरसती है।

मेरी हर नज़्म लिखने से पहले पढ लेती है,

क्योंकि वो मेरे दिल में बसती है।

मैं बंजर जमीन वो धूप थी।

मैं रंग था तो वो रुप थी।

मेरे मन के सागर में वो तैरती एक कश्ती थी।

मेरी हर नज़्म लिखने से पहले पढ लेती है,

क्योंकि वो मेरे दिल में बसती है।

एक वादा किया था उसने कभी।

वो चली गई पर निभा रही है अभी।

मैं कुछ नहीं उसके बिना वो ही मेरी हस्ती है।

मेरी हर नज़्म लिखने से पहले पढ लेती है,

क्योंकि वो मेरे दिल में बसती है।

बेवफाई

दिल के करीब आकर जब वो दूर हो गए।

सारे हसीन ख्वाब मेरे चूर हो गए।

हमने वफा निभाई तो बदनामीयां मिली।

जो लोग बेवफा थे वो मशहूर हो गए।

बर्बाद कर गए वो जिंदगी प्यार के नाम से।

बेवफाई मिली सिर्फ वफा के नाम से।

जख्म ही जख्म दिए उस ने दवा के नाम से।

आसमान भी रो पड़ा! मेरी मुहब्बत के अंजाम से।

वो कहता रहता था 'है बड़ी मजबूरियां वक़्त की'

साफ लफ्जों में वो खुद को बेवफा कहता ही नहीं।

इतवार

ओवर टाईम करवा के ही छोड़ता है।

देख ना,

तेरी यादों का दफ्तर इतवार को भी लगता है।

जिंदगी का तजुर्बा

तजुर्बे के मुताबिक खुद को ढाल तोता हूँ,
कोई प्यार जताए तो जेब संभाल लेता हूँ।

थप्पड़ के बाद नही करता दूसरा गाल आगे,
खंजर खींचे कोई तो तलवार निकाल लेता हूँ।

मुझे फसाने की कही साजिश तो नही,
हर मुस्कान को ठीक से पडताल लेता हूँ।

बहूत जला चुका उंगलिया पराई आग में,
अपने मसले में कोई बुलाए तो टाल देता हूँ।

सहेज के रखा दिल जब शीशे का था,
पत्थर का हो चुका अब मजे से उछाल लेता हूँ।

इंतज़ार और इश्क़

लाचार तबीयत में सुधार आ जाता है।

तुम जो आती हो तो करार आ जाता है।

बातों पर मेरी जो हंस देती हो खुल कर ।

दिन कोई हो त्योहार आ जाता है।

बहुत सोचता हूँ कि दो मुलाकातों के,

दरमियान क्यों यह इंतज़ार आ जाता है।

सबूत यह पुख़्ता है कि तुमसे इश्क़ में हूँ।

मुझे तेरे गुस्से पे भी प्यार आ जाता है।

तुमको लिखता हूँ

तेरे मेरे अधूरे सपनों को,

आज भी मैं साथ लिखता हूँ।

तेरे इश्क के जादू में कैद,

मैं खुद को तेरा गुलाम लिखता हूँ।

तेरे अंजान से पहचान और पहचान से आज तक मैं तुम्हें अपनी जान लिखता हूँ।

न जाने कैसी मैं तेरे अधूरे लफ़्ज़ों में भी अपनी पूरी बात लिखता हूँ।

तेरे बोलने से पहले तेरे दिल के अल्फाज़ लिखता हूँ।

तेरे मेरे बीच की खामोशियों को भी उम्मीद के नाम लिखता हूँ।

तेरी नजरों का घायल हूँ। तेरी नजरों को महफिल का जाम लिखता हूँ।

मैं अपनी जिंदगी के हर लम्हे को तेरे दिदार का मोहताज लिखता हूँ।

जो कलम दी थी कभी तोहफे में मुझे, हां मैं उसी से दिल का हाल लिखता हूँ।

अपनी खामियों को आज तक तेरी खुबियों का कर्जदार लिखता हूँ।

चाहे भुला दिया तुमने मुझे कुछ वक़्त में ही पर आज भी खत तेरे नाम लिखता हूँ।

आज भले ही तू साथ नहीं मेरे फिर भी तेरे साथ होने का हर एहसास लिखता हूँ।

आज भी इतनी मुहब्बत है तुमसे तेरी बेवफाई को भी प्यार लिखता हूँ।

तू देख तेरे जाने के बाद मैं बर्बाद हो गया फिर भी खुशी खुशी खुद को

आबाद लिखता हूँ।

जो कहा करती थी मुहब्बत को राज़ रहने दो। आज उसके किस्से सरेआम लिखता हूँ।

हां में लिखता हूँ। दिन के उजालों में सूनी रात लिखता हूँ।

सवाल कानून व्यवस्था पर।

किस हक़ से कहूं बतला दो,कि यह पावन मेरी धरती है ।

राजनीति के घेरे में यहां, हर रोज़ बेटियाँ मरती है ।

हर रोज़ यहां हिन्दू मुस्लिम का दंगा होना जायज है ।

चुनावी माहौल में नेता का,नंगा होना जायज है ।

हर रोज़ की वारदातों से, क्यूं खून तुम्हारा गर्म नहीं ।

हवस के भूखे दरिंदों का है होता कोई धर्म नहीं।

जाति पाती का मुद्दा छोड़ो गौर करो इन बातों में।

अजीजी मिन्नतें बहुत हुई, अब हथियार उठाओ हाथों में ।

चीख चीख कह रहा है साहिल, सुनो इस क्लिकारी को ।

फांसी दो, गोली मारो या, जींदा जलाओ बलात्कारी को ।

खत्म कर दिया जीवन उसका, था जिससे तेरा बैर नहीं ।

'टूविंक्ल, के कातिल सुनलो, अब तो तेरी खैर नहीँ।

बीच चौराहे पर कत्ल करेंगें, कबूल न कोई विनती होगी ।

अब अंग वही कटेगा जिससे, नामर्द में तेरी गिनती होगी ।

Notes

अपनी कविताएँ, शायरी और पंक्तियां हमारे साथ शेयर करने के लिए आप हमको **इंस्टाग्राम पर भेज सकते हैं।**

Id- https://www.instagram.com/kambkht_yaaden/

(kambkht_yaaden)

www.ingramcontent.com/pod-product-compliance
Lightning Source LLC
LaVergne TN
LVHW050418160726
843469LV00041B/1129